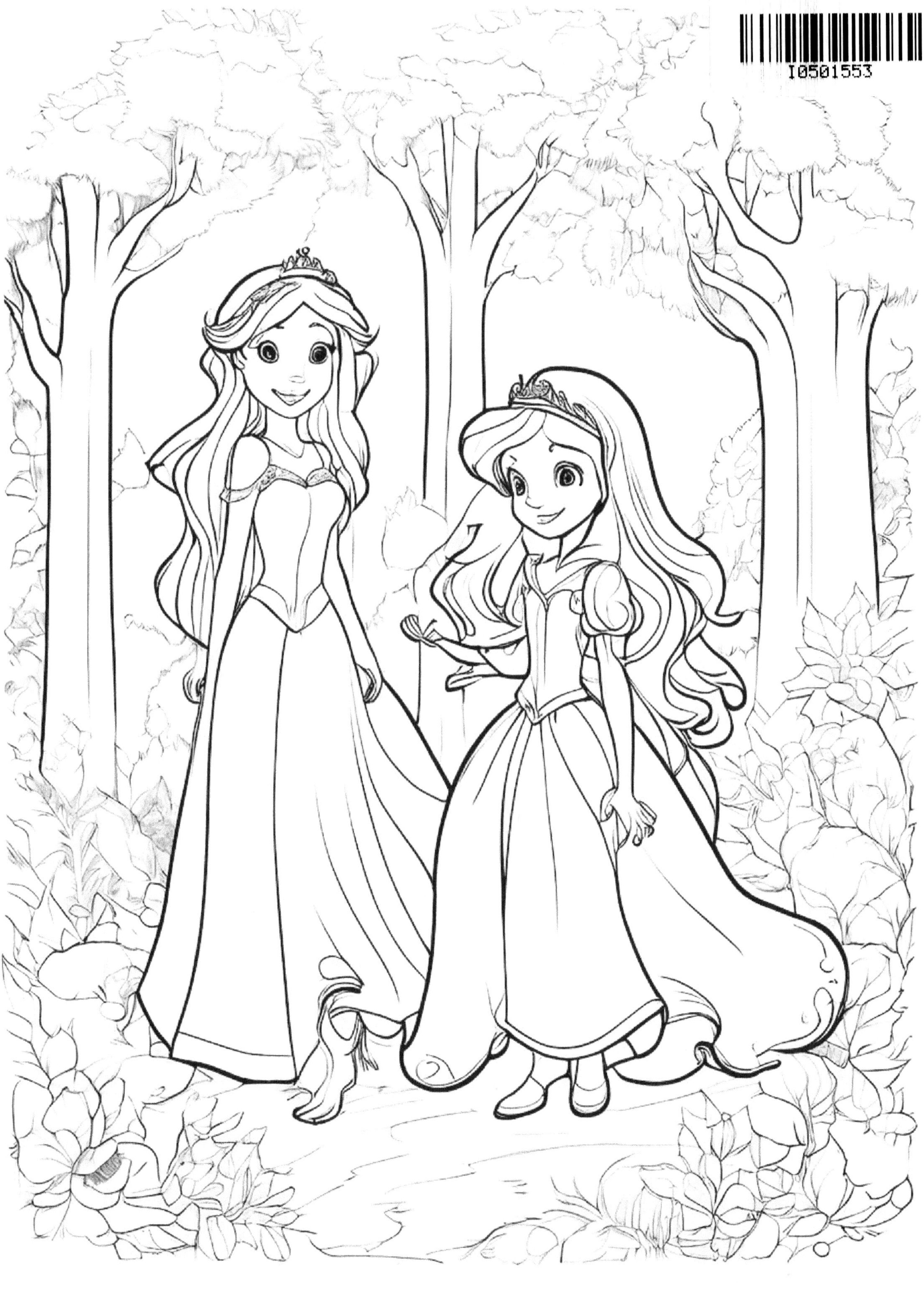

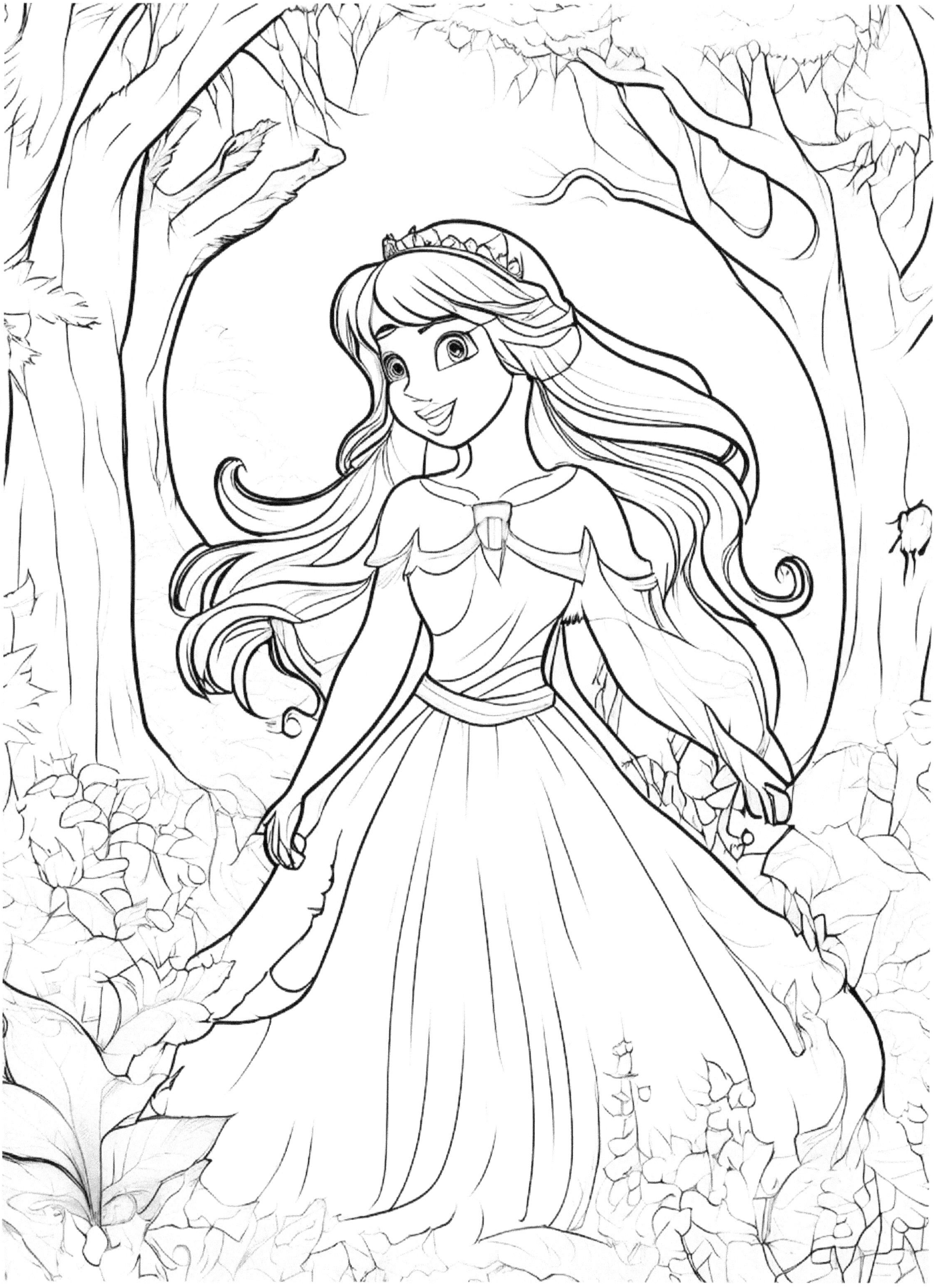

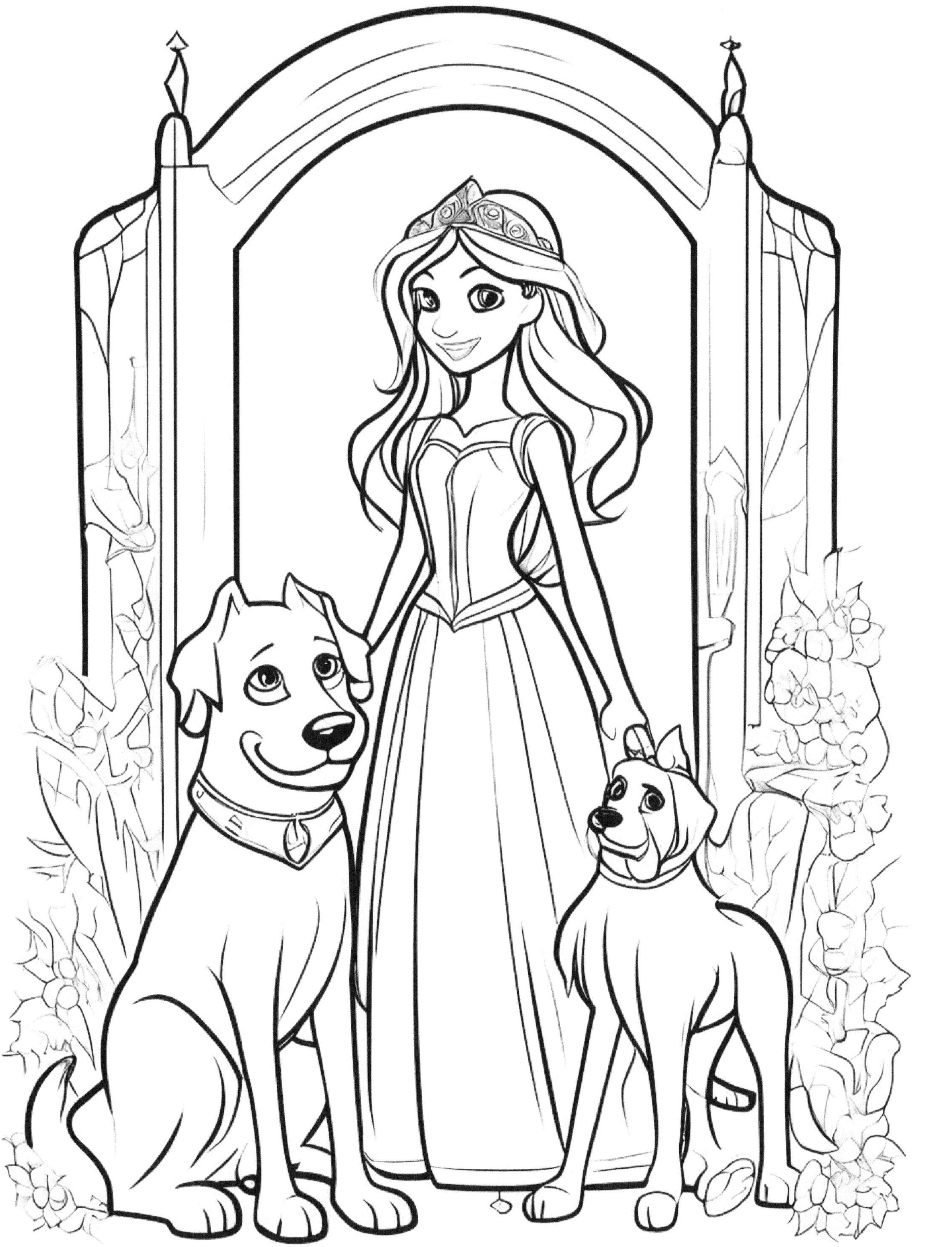

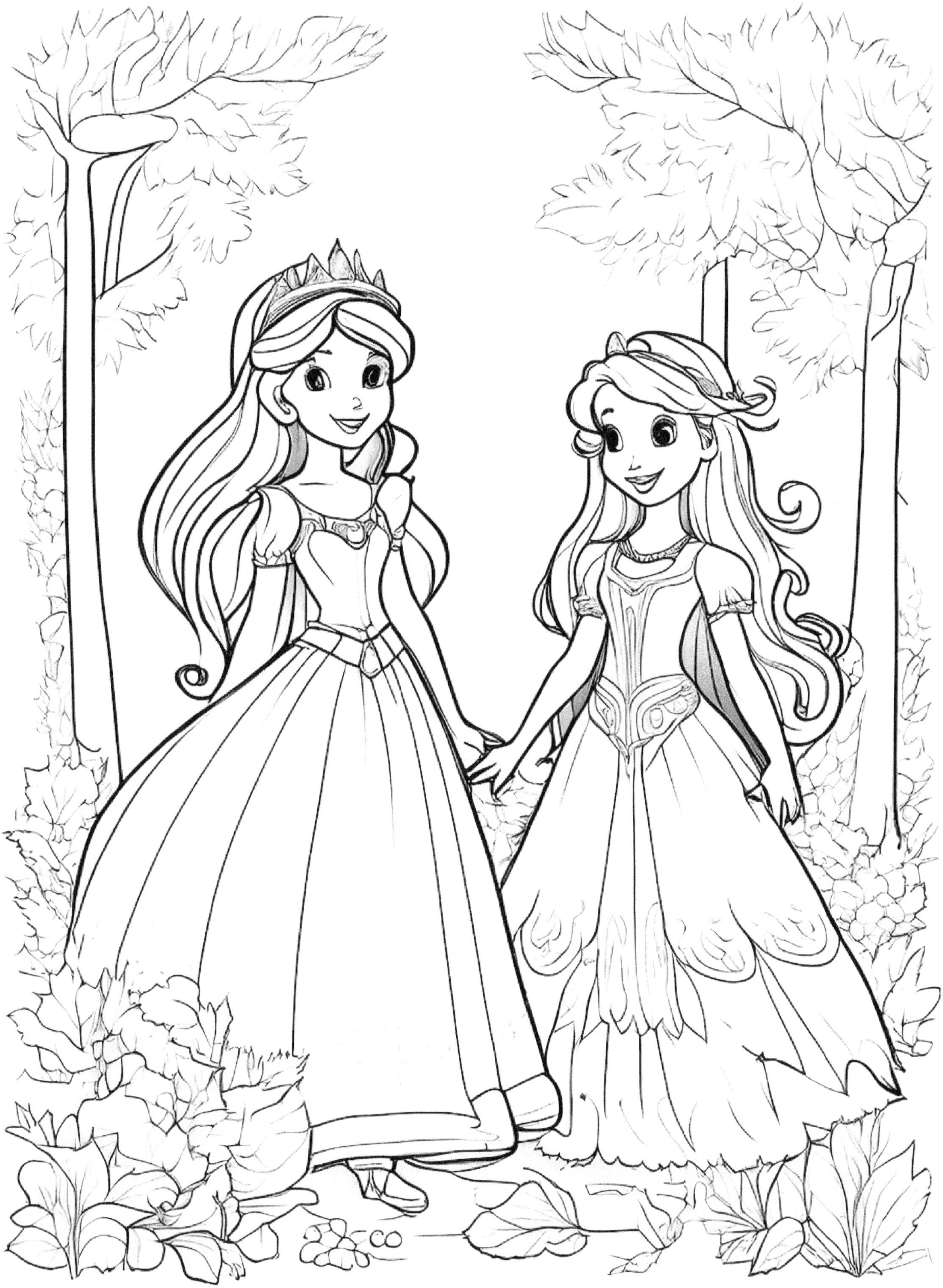

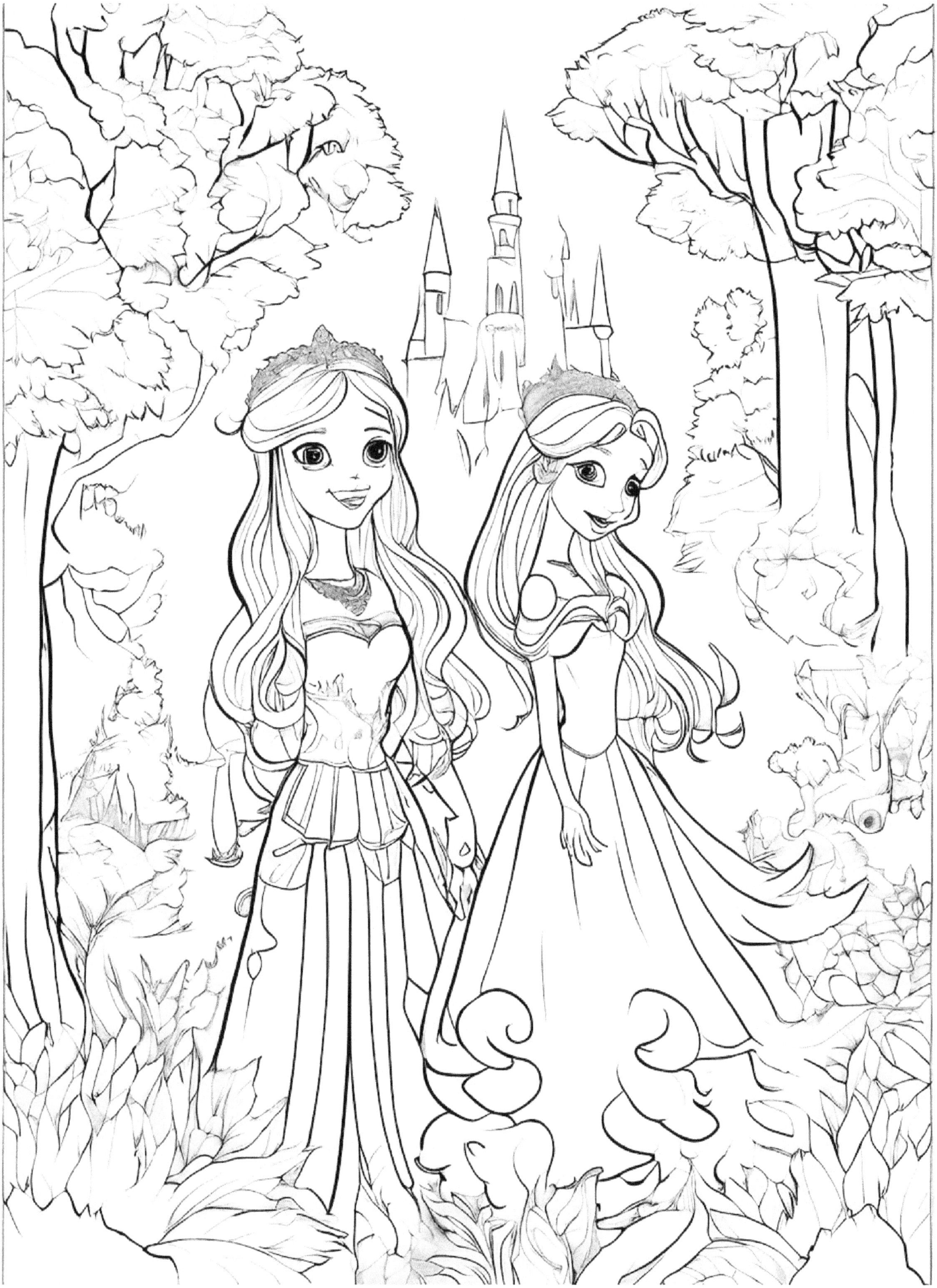

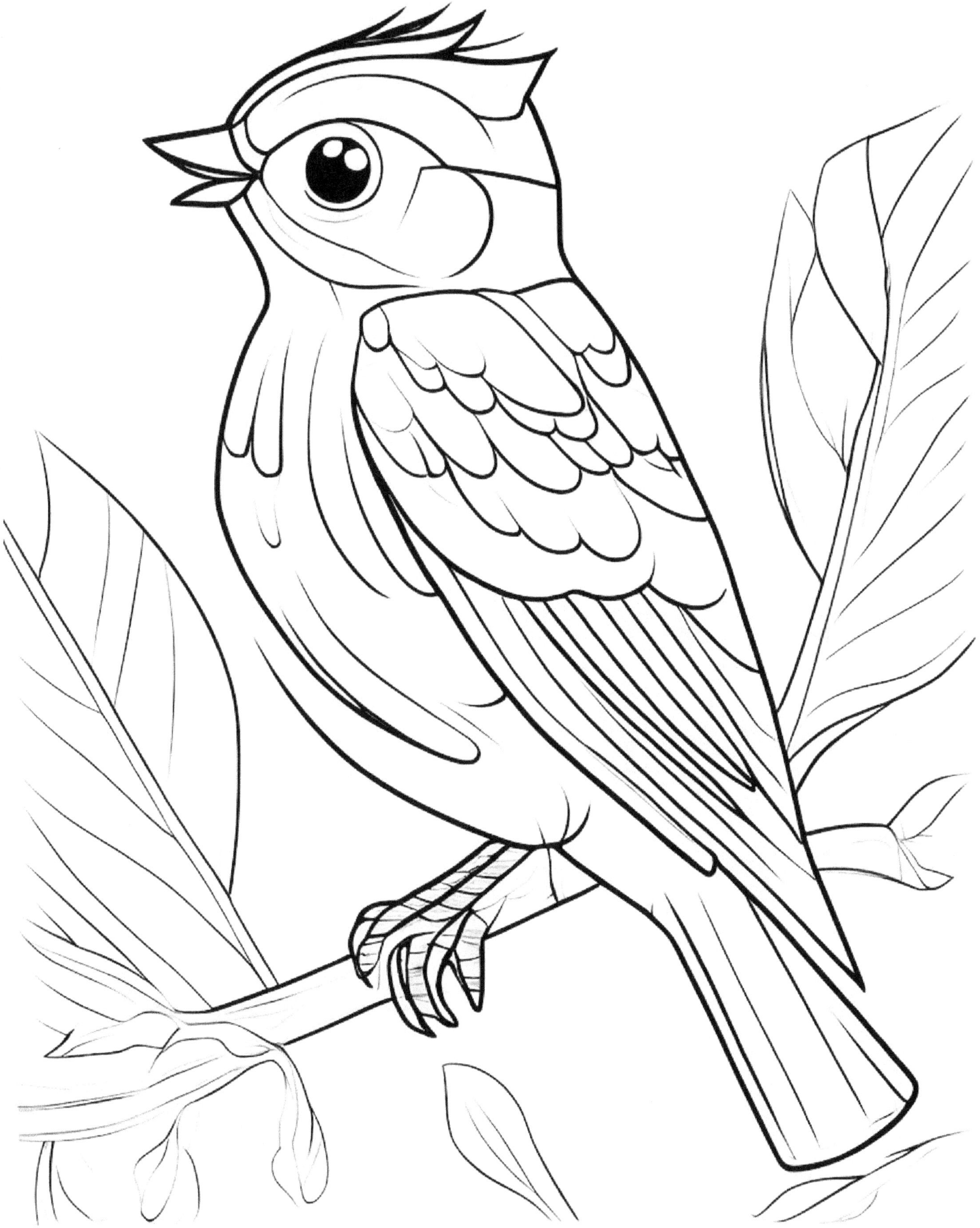

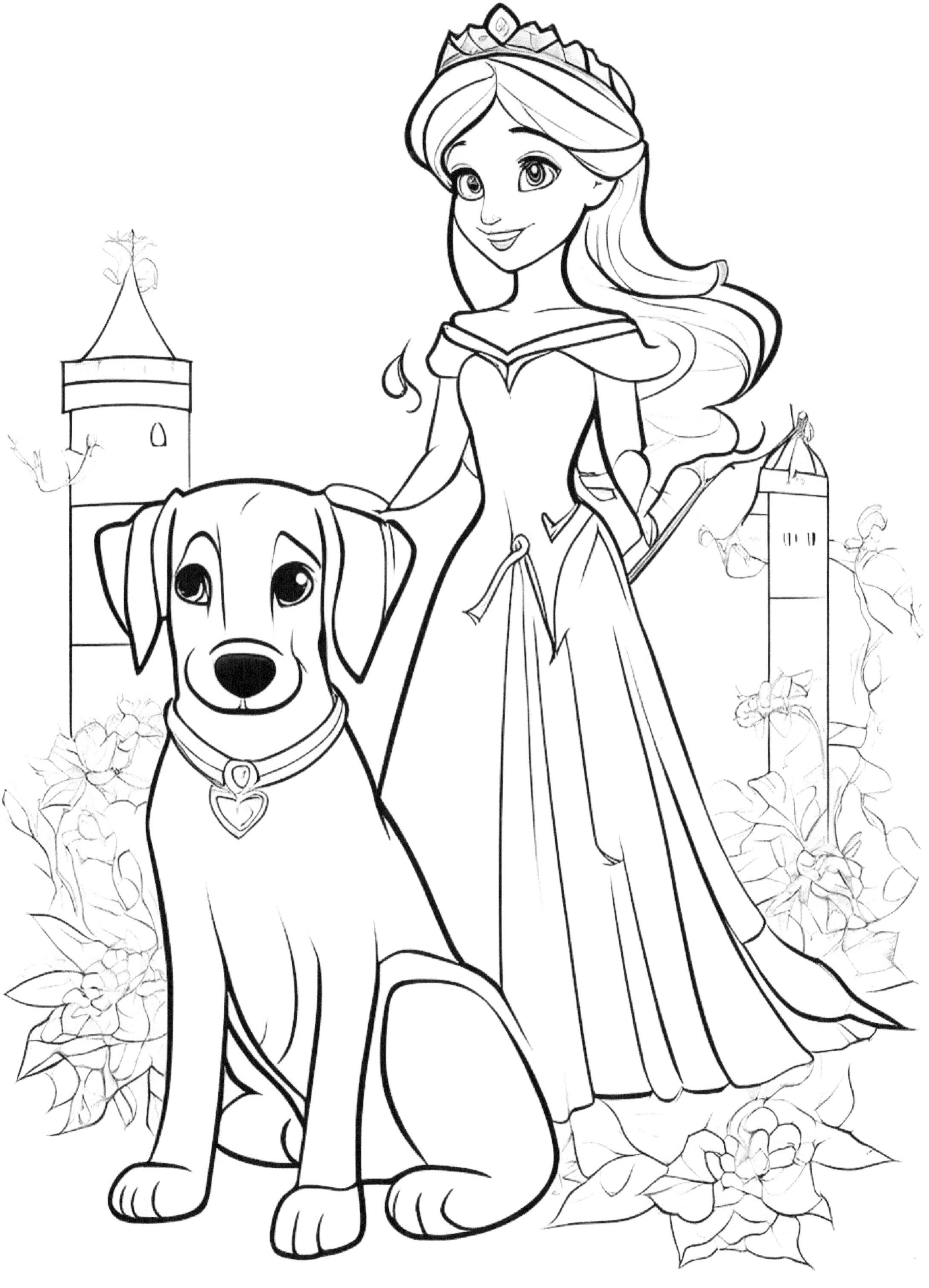

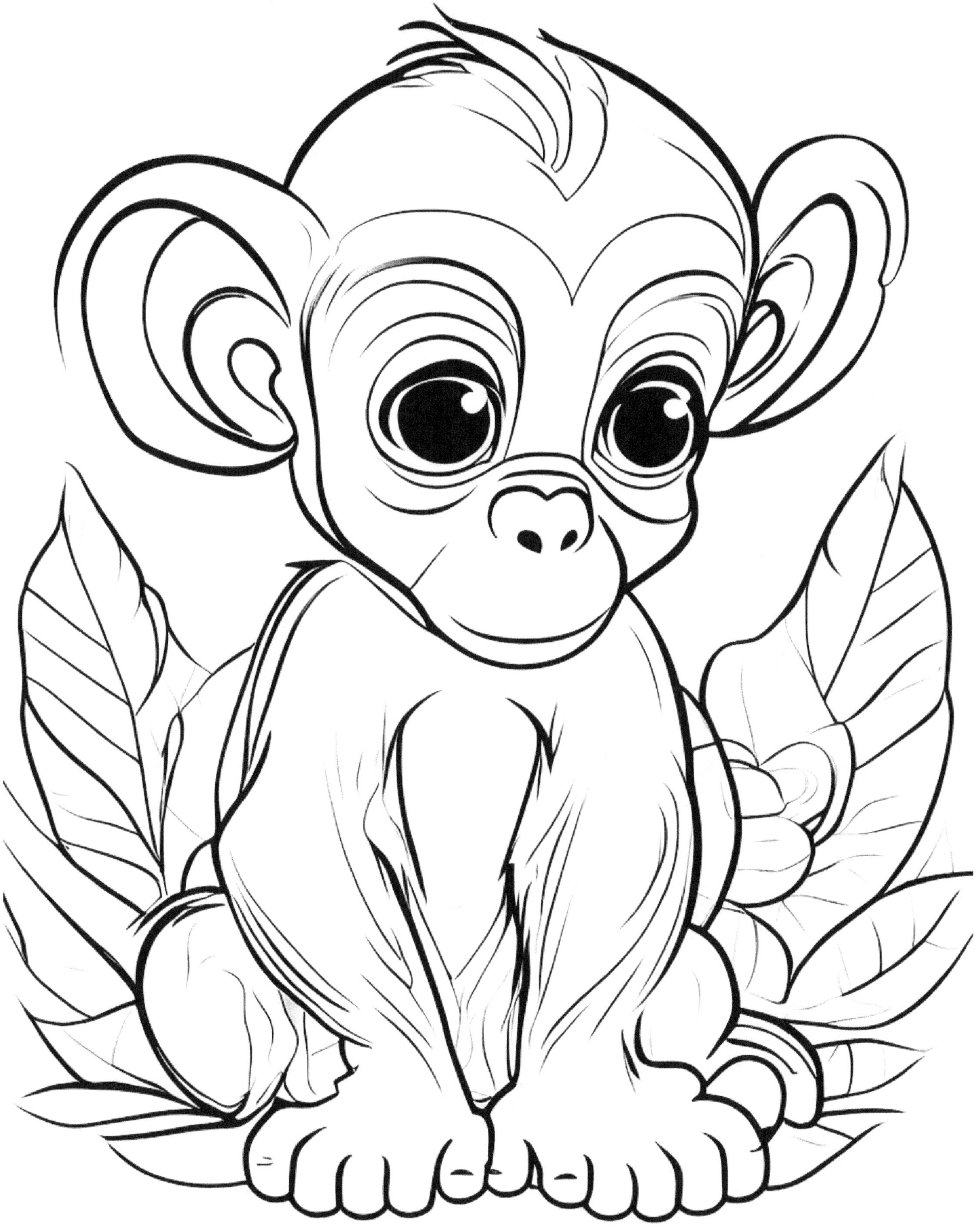

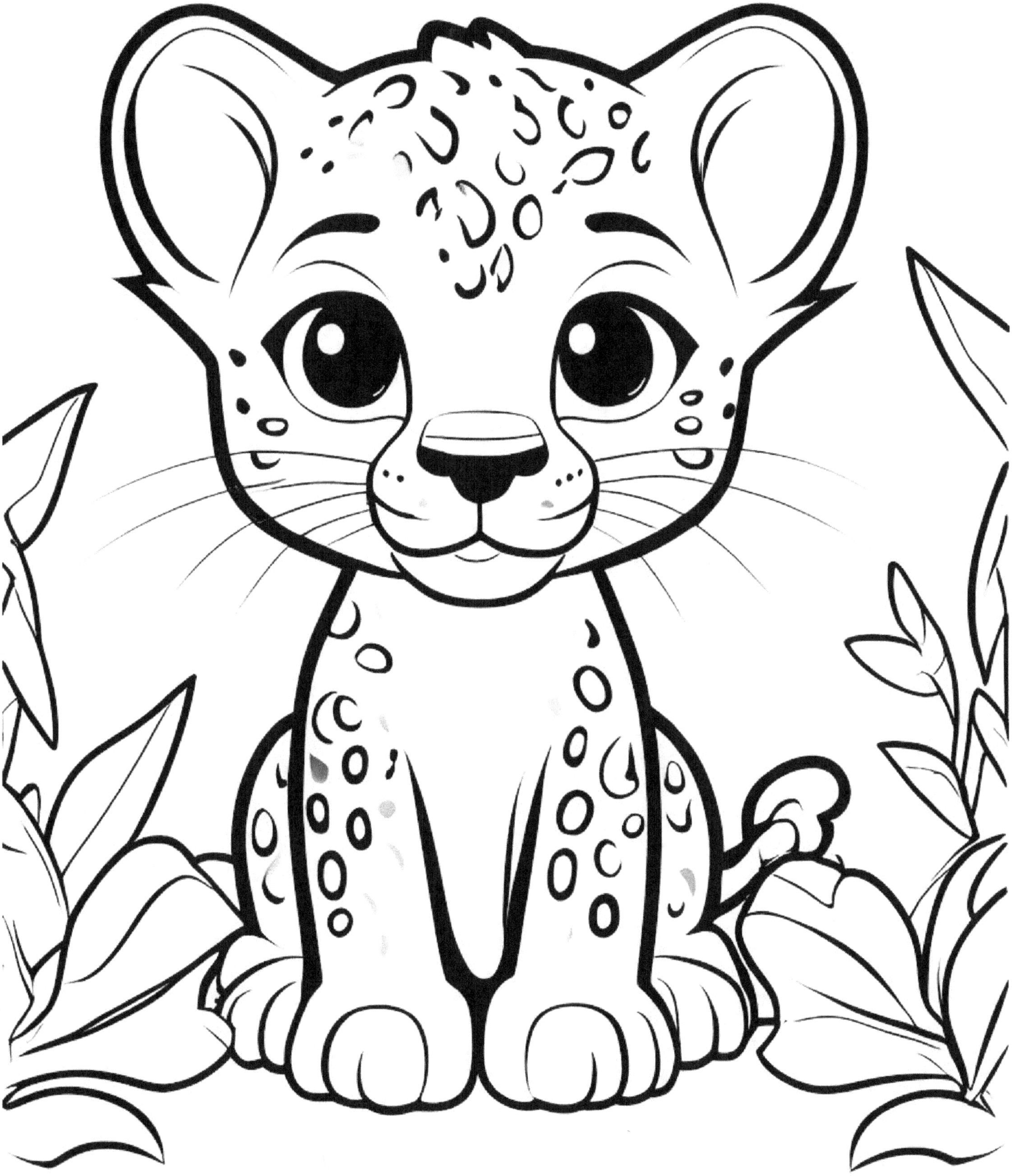

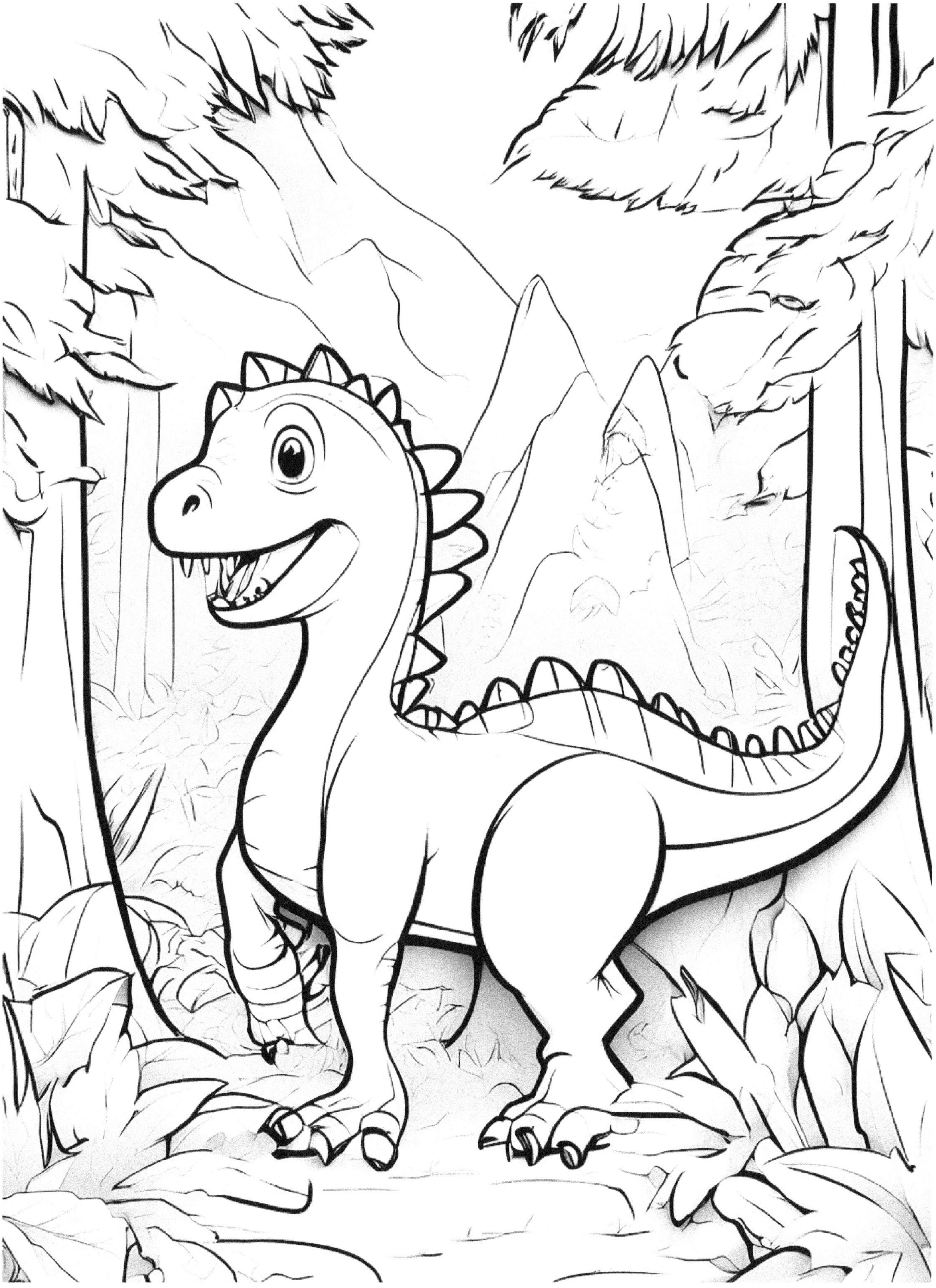

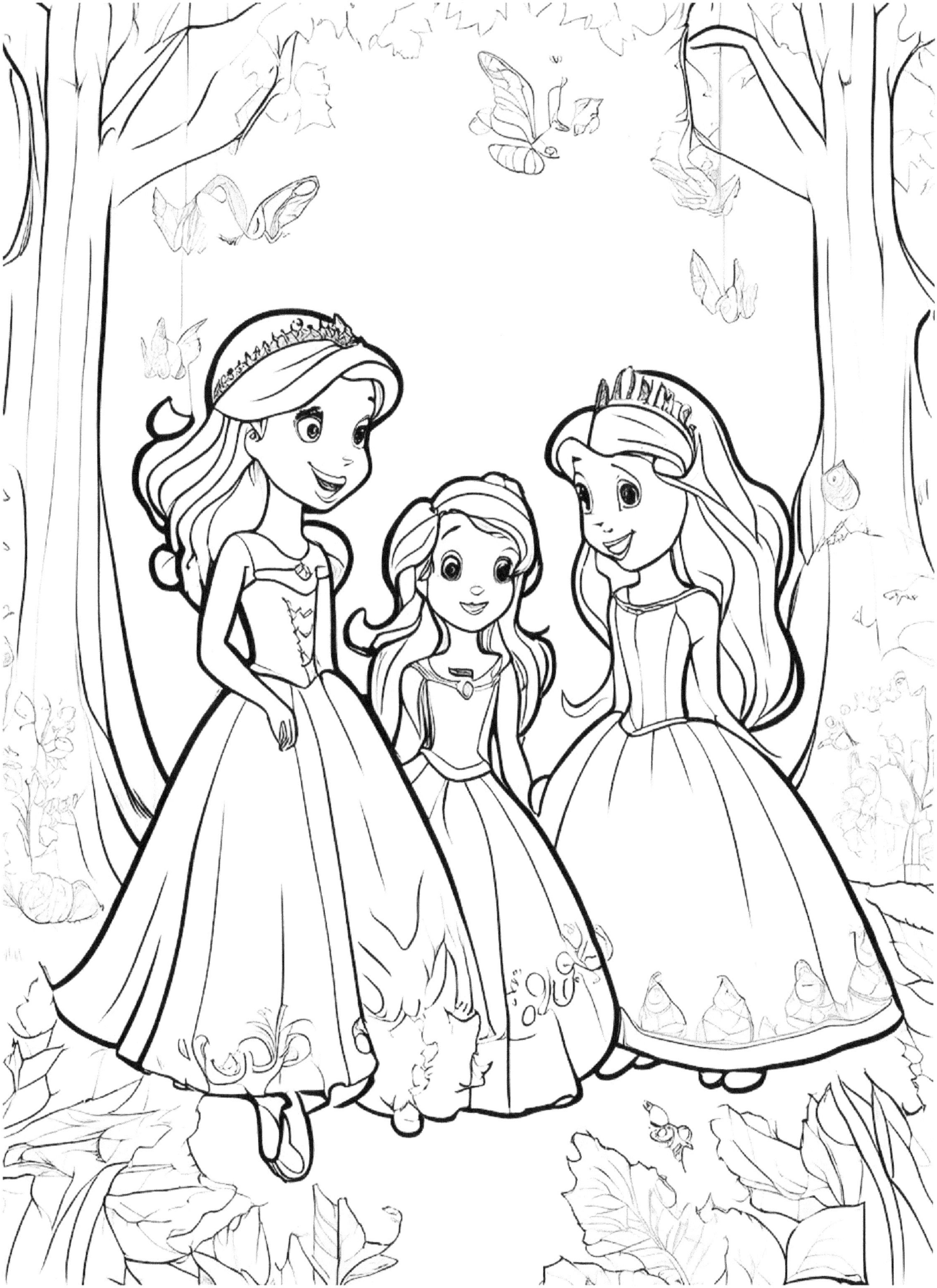

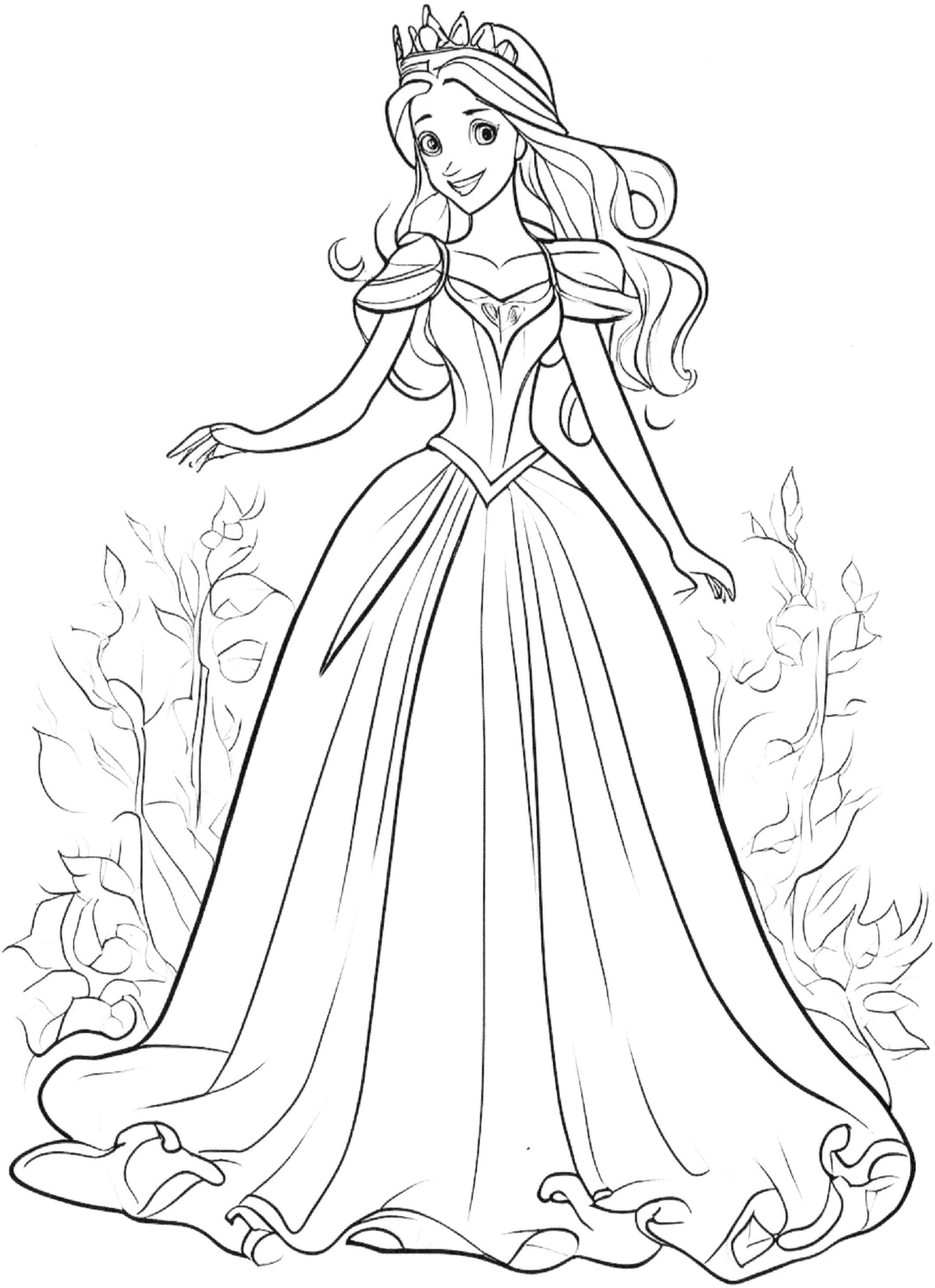

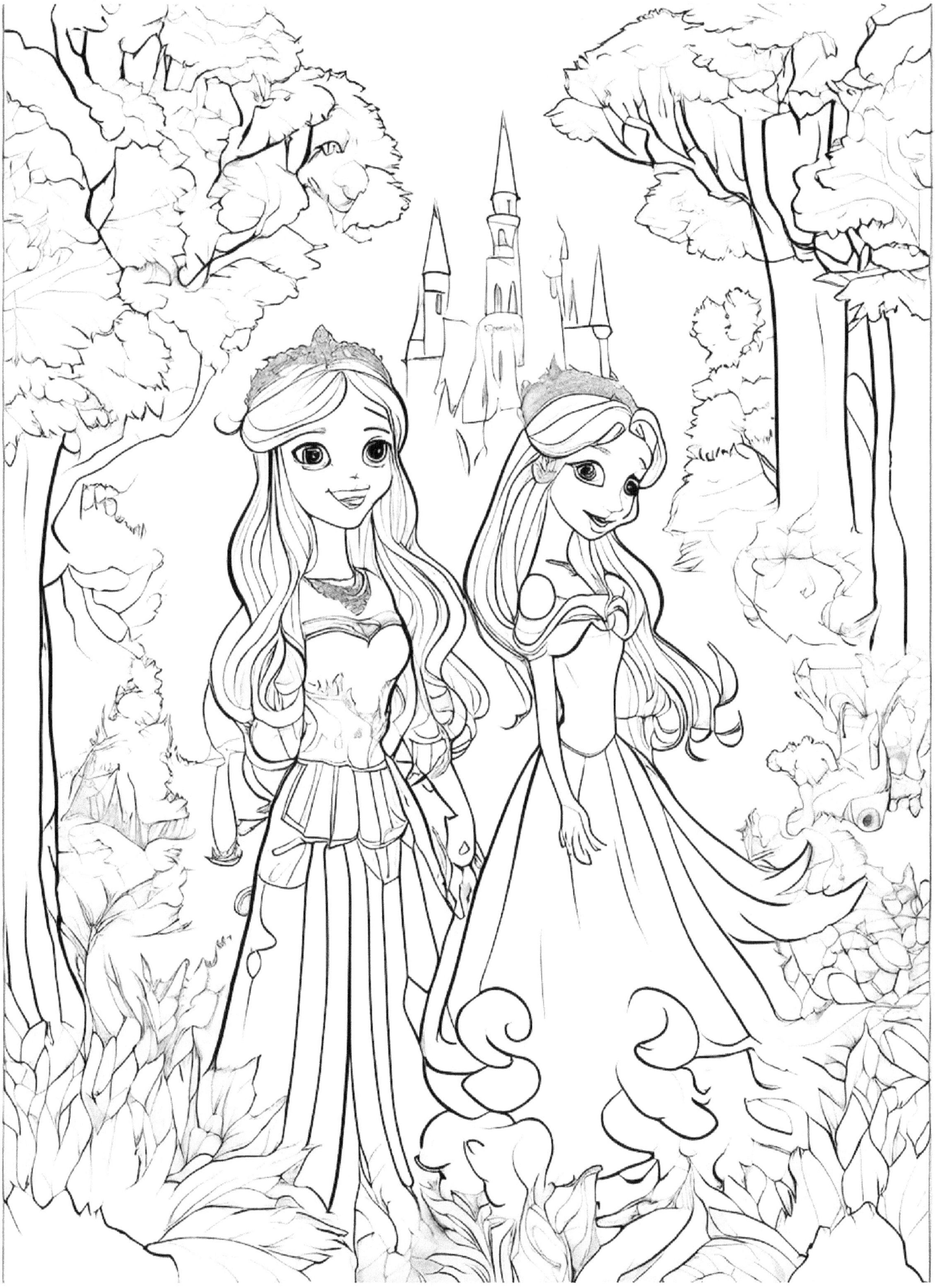

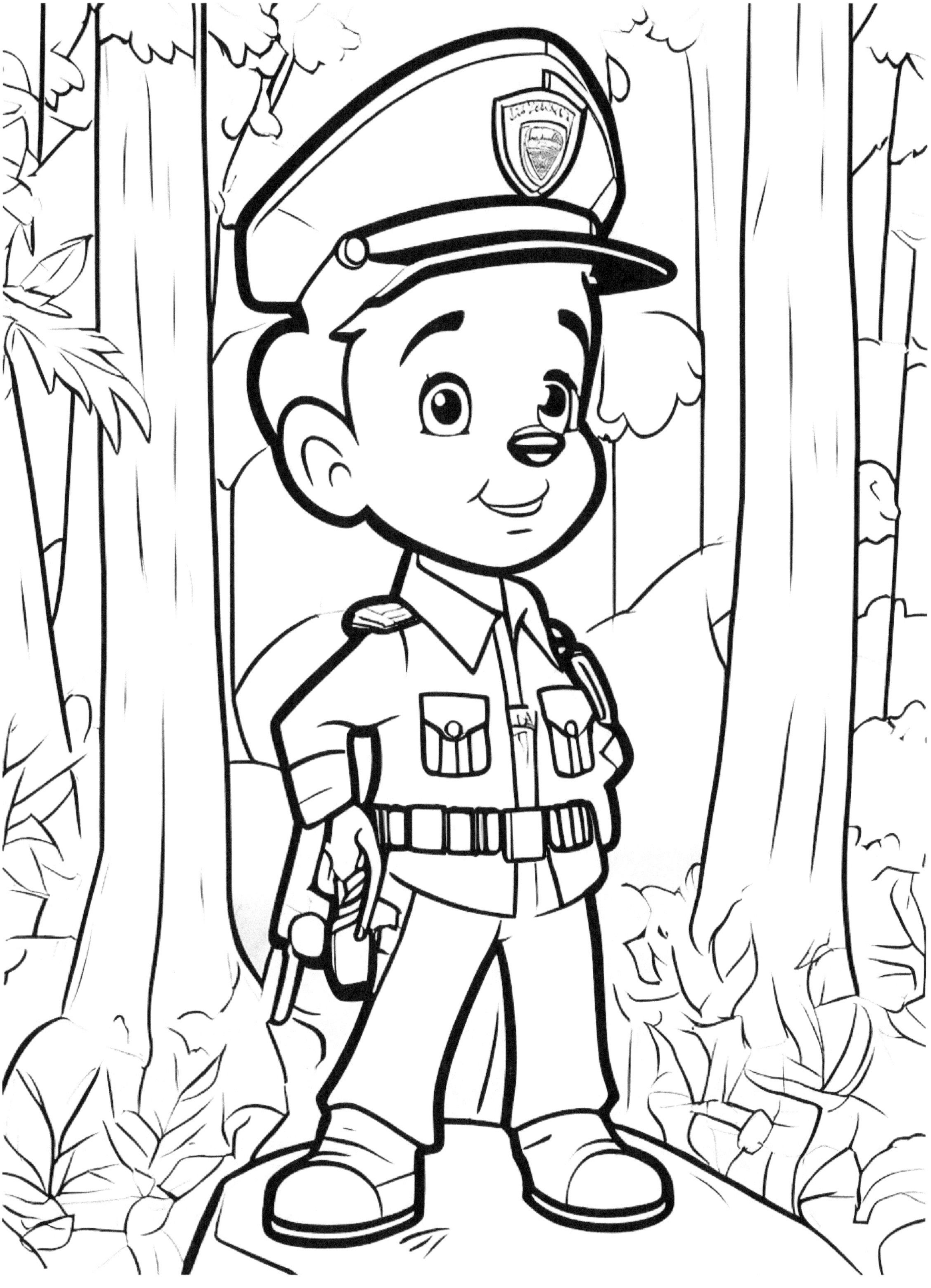

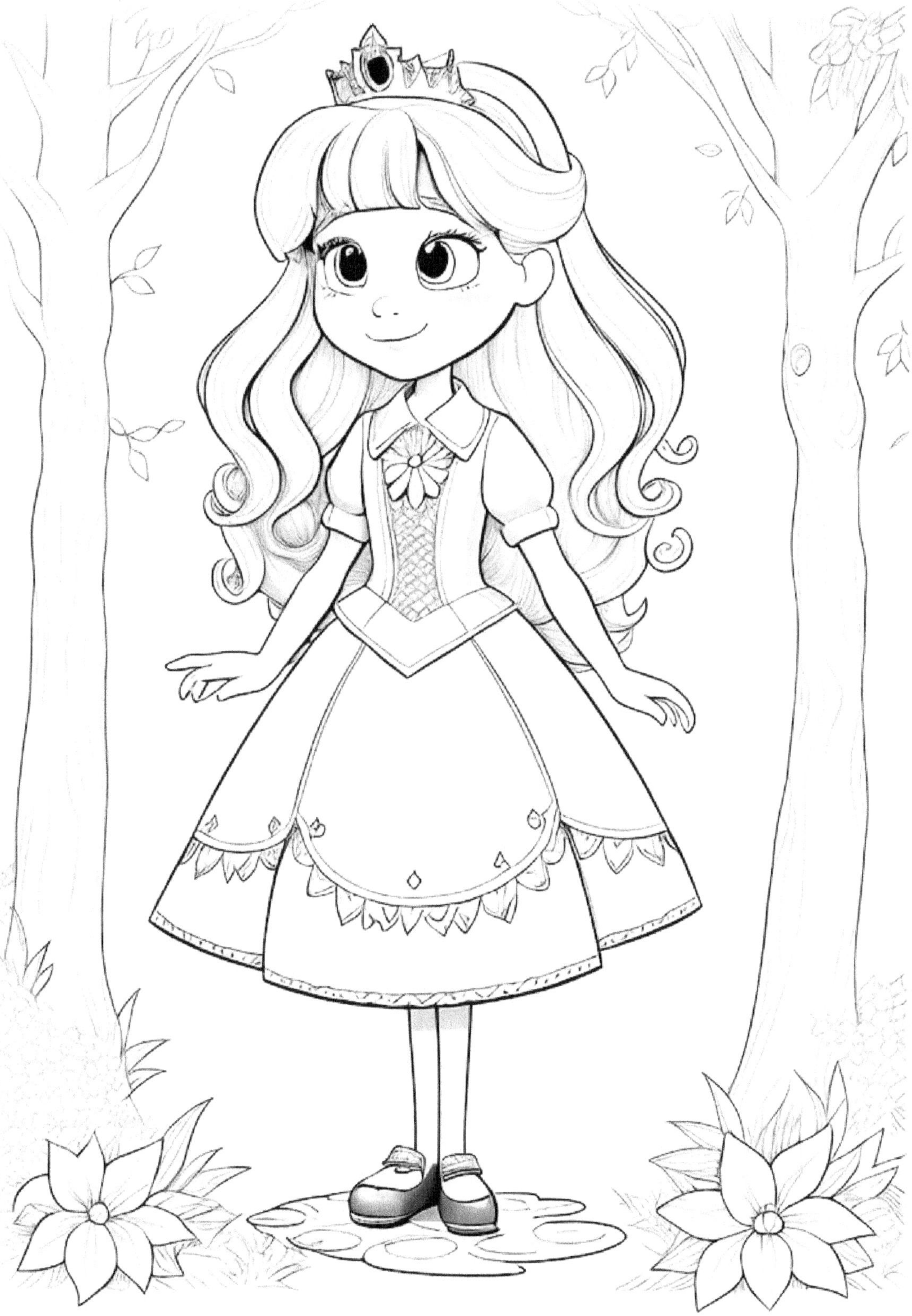

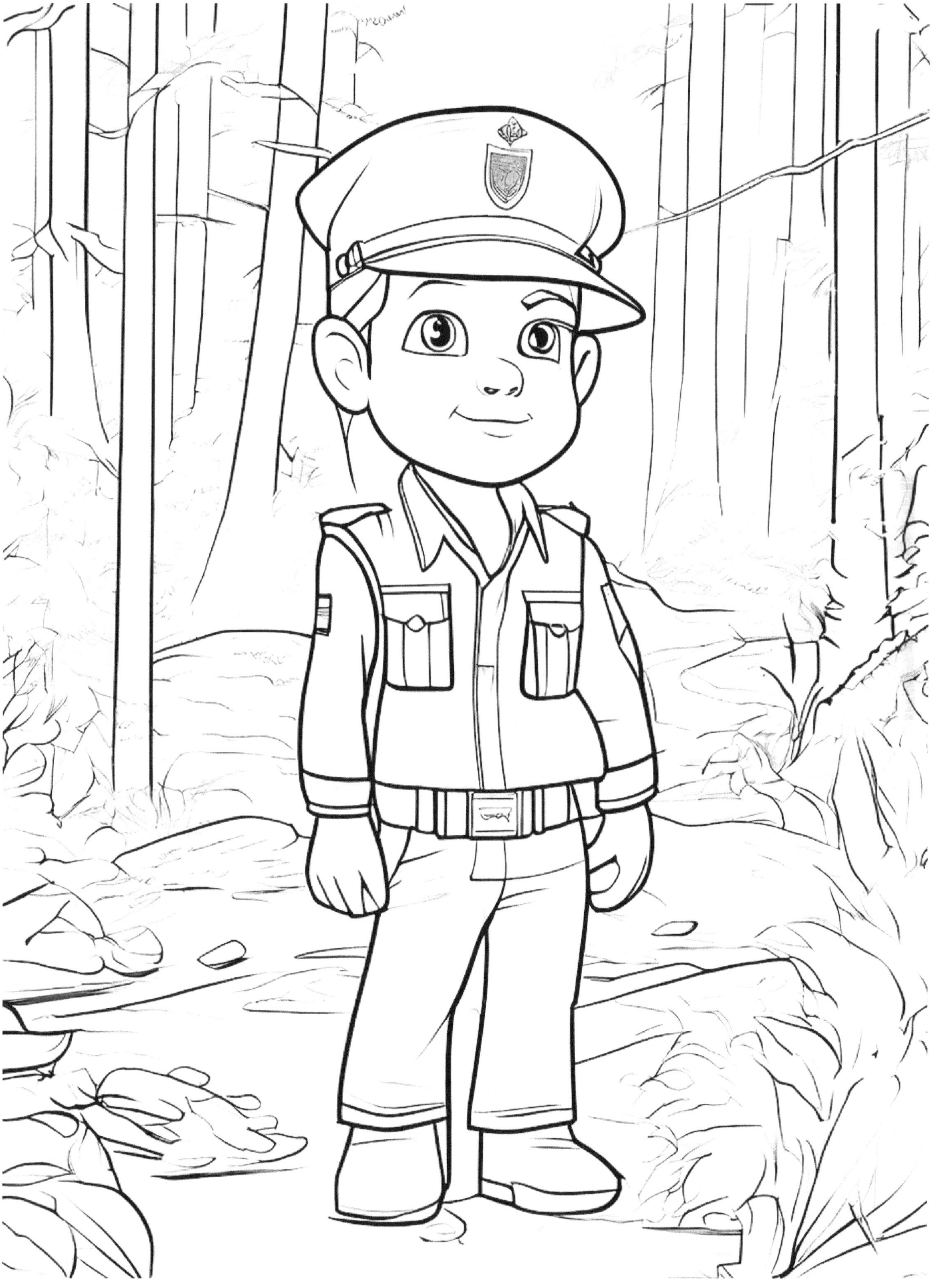

www.ingramcontent.com/pod-product-compliance
Lightning Source LLC
Chambersburg PA
CBHW062237220526
45471CB00009B/3515

* 9 7 9 8 3 2 1 4 1 8 8 4 0 *